全国中等职业技术学校汽车类专业教材

汽车发动机构造与维修（第二版）习题册

中国劳动社会保障出版社

图书在版编目（CIP）数据

汽车发动机构造与维修（第二版）习题册/季亮亮主编. —北京：中国劳动社会保障出版社，2015

全国中等职业技术学校汽车类专业教材

ISBN 978 - 7 - 5167 - 1860 - 5

Ⅰ.①汽… Ⅱ.①季… Ⅲ.①汽车-发动机-构造-中等专业学校-习题集 ②汽车-发动机-车辆修理-中等专业学校-习题集 Ⅳ.①U472.43 - 44

中国版本图书馆 CIP 数据核字（2015）第 083787 号

中国劳动社会保障出版社出版发行

（北京市惠新东街 1 号　邮政编码：100029）

出　版　人：张梦欣

*

北京市科星印刷有限责任公司印刷装订　新华书店经销

787 毫米 ×1092 毫米　16 开本　4.75 印张　113 千字

2015 年 5 月第 1 版　　2024 年 11 月第 14 次印刷

定价：9.00 元

营销中心电话：400-606-6496

出版社网址：http://www.class.com.cn

http://jg.class.com.cn

目　录

单元一　总　　论

课题1　发动机总体构造

一、填空题（将正确答案填写在横线上）

1. 根据着火方式不同，发动机可分为______和______两种。

2. 四冲程汽油机的工作循环是由______、______、______和______四个过程组成的。

3. 发动机按照冷却方式不同可分为______和______两种。

4. 发动机根据汽缸布置方式不同可分为______、______、斜置式发动机和V型发动机。

5. 活塞一个冲程内所扫过的容积称为______。

6. 发动机根据进气方式不同可分为______和______两种。

7. 发动机按照气缸数目不同可分为______发动机和______发动机。

二、判断题（对的打“√”，错的打“×”）

1. 在汽车、拖拉机等车辆上使用的发动机都属于内燃机。（　）
2. 发动机根据使用燃料不同，可分为汽油发动机和柴油机发动机两种。（　）
3. 汽油机和柴油机都属于内燃机，其混合气形成方式是相同的。（　）
4. 汽油机常采用自然吸气式发动机。（　）
5. 活塞运行时由上（下）止点到下（上）止点的运动过程称为活塞冲程。（　）
6. 活塞上行到达最高点位置时，活塞顶部距离曲轴回转中心最远。（　）

三、选择题

1. 发动机按照冷却方式不同，可分为（　）发动机。
   A. 水冷和风冷　　B. 水冷和单缸
   C. 风冷和多缸　　D. 单缸和多缸
2. 活塞离曲轴回转中心最远时，活塞顶面所对应的位置称为（　）。
   A. 下止点　　B. 上止点　　C. 曲柄半径　　D. 活塞行程
3. 活塞由一个止点运动到另一个止点的距离称为（　）。
   A. 下止点　　B. 上止点　　C. 曲柄半径　　D. 活塞行程
4. 汽油机与柴油机比较，下列（　）描述正确。
   A. 汽油机比柴油机动力强　　B. 汽油机的起动性较好

C. 汽油机工作噪声比较大 D. 柴油机混合气在气缸外部形成

5. 发动机排量指各缸的（　　）之和。

A. 气缸总容积 B. 气缸工作容积

C. 燃烧室容积 D. 进气量

6. 四冲程发动机的有效行程是指（　　）。

A. 做功行程 B. 排气行程 C. 压缩行程 D. 吸气行程

四、简答题

1. 发动机由哪几部分组成?

2. 曲柄连杆机构的组成及作用是什么?

3. 配气机构的组成及作用是什么?

4. 发动机型号解释。

（1）462Q

（2）YZ6102Q

（3）EQ6100—1

课题2　发动机检测与维修基础知识

一、填空题（将正确答案填写在横线上）

1. 汽车维修作业安全主要包括__________、防火安全、____________、车下作业安全等方面。

2. 动力工具是指以______________和______________为动力的工具设备，工作时设备大多处于______________状态。对它们的操作除了要注意操作安全外，还涉及防火、防电等安全知识。

3. 渗漏是指汽车的____________、____________、____________、____________等渗透漏出。这是一种明显的故障现象。

4. 汽车维修安全主要包括两大内容：____________和_______________。

5. 旋具俗称起子，常用的有__________、__________和__________三种。

6. 顶拔器一般用于拆卸配合较紧的__________、____________等机件。

二、判断题（对的打“√”，错的打“×”）

1. 发动机维护一般是指出了事故后再进行维护。（　　）

2. 使用扳手时可以用力推或拉，用来拆装紧固力矩较大的零件。（　　）

3. 火花塞套筒属于薄壁长套筒，是用于火花塞拆装的专用工具。（　　）

4. 按一定的顺序完成修理作业的过程称为修理工艺流程。（　　）

5. 在升起车辆的下面工作时，始终要把举升机锁定好。（　　）

6. 制动液、电解液、防冻液及各种油料对人体都有不同程度的伤害，一定要避免与眼睛等人体脆弱部位接触。（　　）

三、选择题

1. 钳子可以用于（　　）。
   A. 夹持小零件　B. 撬动物件　C. 敲击零件
2. 能显示扭转力矩的是（　　）。
   A. 套筒扳手　B. 梅花扳手　C. 扭力扳手
3. 使用锤子的时候，右手紧握后端（　　）处。
   A. 5 cm　B. 10 cm　C. 15 cm
4. 扳手开口端可以进行调整的是（　　）。
   A. 活动扳手　B. 套筒扳手　C. 扭力扳手
5. 下面（　　）工具可以用于表面要求较高和容易损坏的零件。
   A. 鲤鱼钳　B. 橡胶锤　C. 扳手　D. 扭力扳手
6. 用来拆装活塞环的专用工具是（　　）。
   A. 鲤鱼钳　B. 尖嘴钳　C. 老虎钳　D. 活塞环拆装钳

四、简答题

1. 发动机诊断故障的基本方法有哪些？

2. 汽车维修时，工具设备的使用安全主要包括哪些内容？

单元二　曲柄连杆机构

课题 1　曲柄连杆机构概述

一、填空题（将正确答案填写在横线上）

1. 曲柄连杆机构一般由____________、____________和____________三部分组成。
2. 活塞连杆组由____________、______________、____________和连杆等组成。
3. 曲轴飞轮组由____________、____________、扭转减振器、平衡轴等组成。
4. 曲柄连杆机构的工作条件相当恶劣，它要承受______________、______________和______________作用。

二、选择题

1. 下面（　　）不是机体组的组成部分。
   A. 油底壳　　B. 气缸体　　C. 气缸盖罩　　D. 连杆
2. 下面（　　）不是活塞连杆组的组成部分。
   A. 活塞　　B. 活塞环　　C. 气缸盖罩　　D. 连杆
3. 下面（　　）不是曲轴飞轮组的组成部分。
   A. 曲轴　　B. 气缸体　　C. 飞轮　　D. 平衡轴

三、简答题

曲柄连杆机构的作用是什么？

课题2　机　体　组

一、填空题（将正确答案填写在横线上）

1．________是发动机的支架，是配气机构、曲柄连杆机构和发动机各系统主要零部件的装配基体。

2．________用来密封气缸盖和配气机构等零部件。

3．气缸盖用来密封气缸顶部，并与________和________一起形成燃烧室。

4．汽油机常用的燃烧室形状有三种：________、________和________。

5．发动机气缸的结构形式有三种：__________、__________和__________。

6．发动机曲轴箱的结构形式有三种：________、________和________。

7．气缸垫安装在气缸盖与气缸体之间，保证气缸盖与气缸体结合面之间的密封，防止________、________和________。

二、判断题（对的打"√"，错的打"×"）

1．汽车发动机气缸盖的结构形式有两种：整体式和分开式。（　　）

2．活塞顶部是燃烧室的组成部分。（　　）

3．发动机气缸的排列方式基本上有三种：直列式、V 列式和水平对置式。（　　）

4．气缸体不用具有足够的强度和刚度。（　　）

5．干式气缸套和冷却液直接接触。（　　）

三、选择题

1．当活塞位于上止点时，活塞顶部以上、气缸盖底部以下所形成的空间称为（　　）。

A．气缸容积　　B．活塞行程　　C．上止点　　D．燃烧室

2．下面（　　）不是气缸垫应有的性质。

A．耐热性　　B．耐压性　　C．弹性　　D．耐冷性

3．湿式气缸套的壁厚一般为（　　）。

A．5 ~ 9 mm　　B．0.5 ~ 0.9 mm

C．2 ~ 5 mm　　D．0.2 ~ 0.5 mm

4．缸体和缸盖的裂纹通常用（　　）检验。

A．油压法　　B．水压法　　C．测量法

5．将百分表表头插入表杆上端，应使百分表读数被压缩（　　），然后锁住百分表。

A．1 ~ 2 mm　　B．0.1 ~ 0.2 mm

C．3 ~ 4 mm　　D．0.3 ~ 0.4 mm

6．百分表的方向应对准测量时测量者的眼睛，一般为（　　）于测量推杆。

A．平行　　B．垂直　　C．无所谓

7．长短轴直径差值的一半即为该测量平面的（　　）。

A．圆柱度误差　B．几何精度　C．加工余量　D．圆度误差

8．燃烧室由（　　）和气缸盖、气缸壁共同构成。

A．活塞顶部　B．曲轴箱　C．活塞底部　D．预热室

四、简答题

1．简述机体组的组成部分。

2．简述油底壳的作用。

五、实训报告

1．气缸盖的拆装

实训项目	气缸盖的拆装
实训目的	
主要工量具及器材	
操作方法	
体会	
教师评语	

2. 发动机气缸磨损的测量

<table>
<tr><td colspan="2">实训项目</td><td>发动机气缸磨损的测量</td></tr>
<tr><td colspan="2">实训目的</td><td></td></tr>
<tr><td colspan="2">主要工量具
及器材</td><td></td></tr>
<tr><td rowspan="3">操
作
方
法</td><td>量缸部位</td><td></td></tr>
<tr><td>量缸方法</td><td></td></tr>
<tr><td>数据记录及
气缸磨损
程度确定</td><td></td></tr>
<tr><td colspan="2">体会</td><td></td></tr>
<tr><td colspan="2">教师评语</td><td></td></tr>
</table>

3．发动机气缸体（气缸盖）翘曲变形的测量

实训项目		发动机气缸体（气缸盖）翘曲变形的测量
实训目的		
主要工量具及器材		
操作步骤	位置1	
	位置2	
	位置3	
	位置4	
体会		
教师评语		

课题3　活塞连杆组

一、填空题（将正确答案填写在横线上）

1. 活塞连杆组主要由________、__________、____________和________，以及其他不同作用的零件和附件组成。

2. 活塞可视为由________、________和__________三部分构成。

3. 活塞环可分为__________和__________两种。

4. 活塞销用来连接__________和__________，并将活塞承受的力传给连杆或相反。

5. 连杆由____________、__________和__________组成。

6. 在汽车发动机中，连杆小头与活塞销的连接方式有两种，即______和________。

二、判断题（对的打"√"，错的打"×"）

1. 发动机工作时，活塞在气体力和侧向力的作用下发生机械变形，而活塞受热膨胀时还发生热变形。（　）

2. 气环的主要功用是密封和传热。（　）

3. 气环开口形状为斜开口。（　）

4. 活塞头部以下的部分为活塞裙部。（　）

5. 活塞销的材料一般为低碳钢或低碳合金钢。（　）

三、选择题

1. 下面（　）不是制造活塞环的材料应具有的条件。

A. 耐磨性　B. 导热性　C. 耐热性　D. 导电性

2. 活塞环的外廓尺寸比气缸直径（　）。

A. 大　B. 小　D. 一样大

3. 下面（　）不属于油环的类型。

A. 槽孔式　B. 槽孔撑簧式　C. 钢带组合式　D. 斜开口式

4. 连杆衬套与连杆小头应有的过盈量为（　）。

A. 0.06 ~0.10 mm　B. 6 ~10 mm

C. 0.01 ~0.05 mm　D. 1 ~5 mm

5. 安装活塞环时，活塞环上的"TOP"标记必须朝向（　）。

A. 活塞顶部　B. 连杆　C. 活塞销　D. 活塞裙部

6. 旋转活塞环，开口应错开（　）。

A. 60°　B. 120°　C. 180°　D. 360°

7. 活塞销与连杆衬套的装配可采用冷压法和（　）。

A. 热胀法　B. 敲击法　C. 互换法　D. 水压法

8. 桑塔纳 AJR 发动机有（　）道活塞环。

A. 2　　B. 3　　C. 4　　D. 有的2，有的3

9. (　　) 环会产生“泵油作用”。

A. 扭曲　　B. 油　　C. 矩形　　D. 梯形

10. 柴油机全浮式活塞销与销座孔常温时为（　　）配合，允许有微量间隙。

A. 过盈　　B. 间隙　　C. 过渡

11. 活塞顶上标有一定的记号，装配时记号必须朝向发动机的（　　）。

A. 前方　　B. 后方

C. 不同发动机有不同规定　　D. 中间

12. 当连杆弯扭变形并存时应（　　）。

A. 先校弯后校扭　　B. 报废连杆

C. 先校扭后校弯　　D. 弯扭校正同时进行

四、简答题

1. 活塞连杆组的作用是什么?

2. 活塞的作用是什么?

3. 油环的作用是什么?

五、实训报告

1. 活塞连杆组的分解

实训项目	活塞连杆组的分解
实训目的	
主要工量具及器材	
操作方法	
体会	
教师评语	

2. 连杆的检测与校正

<table>
<tr><td colspan="2">实训项目</td><td>连杆的检测与校正</td></tr>
<tr><td colspan="2">实训目的</td><td></td></tr>
<tr><td colspan="2">主要工量具
及器材</td><td></td></tr>
<tr><td rowspan="2">操
作
方
法</td><td>检测方法</td><td></td></tr>
<tr><td>校正方法</td><td></td></tr>
<tr><td colspan="2">体会</td><td></td></tr>
<tr><td colspan="2">教师评语</td><td></td></tr>
</table>

3. 活塞连杆组的安装

实训项目	活塞连杆组的安装
实训目的	
主要工量具及器材	
操作方法	
体会	
教师评语	

课题4　曲轴飞轮组

一、填空题（将正确答案填写在横线上）

1. 曲轴基本上由若干个单元__________构成。
2. 按单元曲拐连接方法的不同，曲轴可分为_________和_________两种。
3. _________是转动惯量很大的盘形零件，其作用如同一个能量存储器。

二、判断题（对的打“√”，错的打“×”）

1. 曲轴的质量应尽量小。（　　）
2. 飞轮是摩擦式离合器的从动件。（　　）
3. 曲轴一般由中碳钢和中碳合金钢模锻而成。（　　）
4. 曲轴应有足够的抗弯曲、抗扭转的疲劳强度和刚度。（　　）
5. 飞轮通过螺栓和离合器盖相连接。（　　）

三、选择题

1. 在曲轴扭曲的检验过程中，扭曲度一般不应超过（　　）。
   A. 0.5°　　B. 1°　　C. 0.8°　　D. 1.2°
2. 使用（　　）可测量曲轴的弯曲变形程度。
   A. 游标卡尺　　B. 千分尺　　C. 百分表　　D. 直尺
3. 清洁曲轴时应重点清洁（　　）部分
   A. 曲拐　　B. 止推片　　C. 轴承　　D. 轴颈
4. 曲轴上设置的轴向定位装置（　　）。
   A. 只有一处
   B. 布置在第一道、最后一道和中间一道主轴颈处
   C. 布置在第一道和最后一道主轴颈处
   D. 根据情况而定

四、简答题

1. 曲轴的功用有哪些？

2. 飞轮的功用有哪些？

五、实训报告

1. 曲轴磨损、变形的检修

实训项目		曲轴磨损、变形的检修
实训目的		
主要工量具及器材		
操作方法	圆度	
	圆柱度	
体会		
教师评语		

2. 曲轴轴承的选配

<table>
<tr><td colspan="2">实训项目</td><td>曲轴轴承的选配</td></tr>
<tr><td colspan="2">实训目的</td><td></td></tr>
<tr><td colspan="2">主要工量具
及器材</td><td></td></tr>
<tr><td rowspan="3">操
作
方
法</td><td>径向间隙
检测方法</td><td></td></tr>
<tr><td>轴向间隙
检测方法</td><td></td></tr>
<tr><td>轴承选配方法</td><td></td></tr>
<tr><td colspan="2">体会</td><td></td></tr>
<tr><td colspan="2">教师评语</td><td></td></tr>
</table>

课题5　综合故障诊断与排除

一、填空题（将正确答案填写在横线上）

1．曲柄连杆机构的常见故障主要是异响，主要包括：____________、____________、__________和______________等。

2．采取逐缸断油的办法来确定敲缸的位置，如果断到某个缸时，声音明显__________或者___________，而当恢复供油时能听到明显的“嗒、嗒”声，说明该缸的活塞敲缸。

二、简答题

1．简述活塞敲缸的原因。

2．简述连杆轴承异响的故障现象。

单元三 配 气 机 构

课题 1 配气机构概述

一、填空题（将正确答案填写在横线上）

1. 配气机构通常由________和______________两部分组成。

2. 配气机构按气门的位置不同可分为__________和__________两种。

3. 配气机构按凸轮轴的位置不同可分为____________、____________和__________三种。

二、选择题

1. 目前，汽车基本采用（　　）配气机构。

A. 气门顶置式　　B. 气门侧置式

C. 气门偏置式

2. 适用于高速发动机的配气机构中，凸轮轴的位置形式是（　　）。

A. 下置式　　B. 中置式

C. 上置式

3. 下置式凸轮轴的驱动方式是（　　）。

A. 齿轮传动　　B. 链条传动

C. 同步带传动

4. 四冲程发动机每完成一个工作循环，曲轴旋转（　　）。

A. 一周　　B. 两周

C. 四周

5. 四冲程发动机每完成一个工作循环，凸轮轴旋转（　　）。

A. 一周　　B. 两周　　C. 四周

6. 曲轴与凸轮轴的传动比为（　　）。

A. 1∶2　　B. 1∶1　　C. 2∶1

7. 凸轮轴的支承方式有全支承和（　　）两种形式。

A. 非全支承　　B. 三点支承

C. 两点支承　　D. 轴承支承

8. 气缸盖经过修磨后，它的压缩比会（　　）。

A. 增大　　B. 不变

C. 减小　　D. 都有可能

三、简答题

1．简述配气机构的作用。

2．凸轮轴驱动方式的类型及特点有哪些？

3．简述配气机构的工作原理。

课题2　气门传动组

一、填空题（将正确答案填写在横线上）

1．凸轮轴主要由____________和______________两部分组成。

2．凸轮轴的传动方式一般有__________、________和________三种。

3．常见的普通挺柱形状有________、__________和________三种。

4．推杆的作用是____。

5．摇臂的作用是____。

6．凸轮轴轴颈采用____________和____________两种支承方式。

7．为了防止凸轮轴轴向窜动，凸轮轴必须有_______________。

8．____________、__________、单向球阀和单向阀弹簧装配到一起，便构成了气门间隙补偿偶件。

9. 轴承的修配方法有__________、__________和__________三种。

10. 摇臂轴的损伤主要是______________和________________。

二、选择题

1. (　　) 正时精度高，但不适合顶置凸轮轴式配气机构。

A. 带传动　　B. 链传动　　C. 齿轮传动

2. 下面 (　　) 不是常见的普通挺柱的形状。

A. 菌形　　B. 筒形　　C. 滚轮式　　D. 圆形

3. 与普通挺柱相比，下面 (　　) 不是液压挺柱的优点。

A. 简化了结构和维修过程　　B. 消除了因气门间隙引起的冲击和噪声

C. 提高了使用性能　　D. 价格便宜

4. 液压挺柱的基础件是 (　　)。

A. 液压缸　　B. 挺柱体　　C. 柱塞　　D. 单向球阀

5. 配气机构中最易弯曲的零件是 (　　)。

A. 挺柱　　B. 摇臂　　C. 推杆　　D. 凸轮轴

6. 正时齿轮键与键槽磨损应 (　　)。

A. 修理　　B. 换用新件　　C. 可以使用

7. 用外径千分尺测量气门挺杆，其直径的磨损不应超过 (　　)。

A. 0.05 mm　　B. 0.02 mm　　C. 0.2 mm　　D. 0.5 mm

8. 齿形带张紧力检查过程中，用手指捏住齿形带的中间位置用力翻转时，齿形带应刚好转过 (　　)。

A. 45°　　B. 90°　　C. 180°

9. 机械膜片式汽油泵安装在发动机的一侧，由发动机凸轮轴上的 (　　) 驱动。

A. 凸轮　　B. 偏心轮　　C. 齿轮　　D. 滑轮

三、简答题

1. 简述气门传动组的组成及作用。

2. 简述凸轮轴的作用。

四、实训报告

1. 气门传动组的分解

实训项目	气门传动组的分解
实训目的	
主要工量具 及器材	
操 作 方 法	
体会	
教师评语	

2. 气门传动组的装配

实训项目	气门传动组的装配
实训目的	
主要工量具及器材	
操作方法	
体会	
教师评语	

课题3　气　门　组

一、填空题（将正确答案填写在横线上）

1. 气门的布置形式有两种：____________和____________。
2. 气门按照作用不同可分为__________和__________两种。
3. 气门头部的形状有____________、____________和____________等。
4. 气门由______________和____________组成。
5. 气门与气门座密封锥面相接触时形成的环形密封带称为________。

二、判断题（对的打“√”，错的打“×”）

1. 气门弹簧的作用是保证气门自动回位关闭而密封。　　（　　）
2. 气门导管的作用是起导向作用，保证气门作直线往复运动，使气门与气门座能正确贴合。　　（　　）
3. 气门间隙的大小一般都是固定的。　　（　　）

三、选择题

1. 顶置气门式与侧置气门式相比，下面（　　）不是其特性。

　A. 结构简单　　B. 结构紧凑

　C. 压缩比高　　D. 提高了热效率

2. 下面（　　）不是气门弹簧的类型。

　A. 正向螺旋弹簧　　B. 等螺距弹簧

　C. 不等螺距弹簧　　D. 反向螺旋弹簧

3. 气门的打开依靠（　　）。

　A. 凸轮的推动力　　B. 气门弹簧的弹力

　C. 惯性力　　D. 吸力

四、简答题

1. 简述气门组的组成及作用。

2. 气门间隙过大或过小对发动机有哪些影响？

五、实训报告

1. 气门组的分解

实训项目	气门组的分解
实训目的	
主要工量具及器材	
操作方法	
体会	
教师评语	

2. 气门组的检修

实训项目	气门组的检修
实训目的	
主要工量具 及器材	
操作方法	
体会	
教师评语	

3. 气门组的装配

实训项目	气门组的装配
实训目的	
主要工量具 及器材	
操作方法	
体会	
教师评语	

课题4 配 气 相 位

一、名词解释

1. 配气相位

2. 进气提前角

3. 进气迟后角

4. 气门叠开角

二、简答题

1. 简述进气提前角的作用。

2. 简述进气滞后角的作用。

3. 简述可变气门正时技术的优点。

课题 5　综合故障诊断与排除

一、填空题（将正确答案填写在横线上）

1. 配气机构的主要故障是________，常见的有__________、__________、__________、____________等。

2. 配气机构出现异响表明各机件____________或调整不当，发动机的动力性和经济性下降，应予以重新________或__________。

二、简答题

1. 气门响的故障原因有哪些？

2. 凸轮轴响的故障原因有哪些？

3. 正时齿轮响的故障现象有哪些？

单元四　电子控制汽油喷射系统

课题 1　电子控制汽油喷射系统概述

一、填空题（将正确答案填写在横线上）

1. 电控燃油喷射系统用英文表示为______________________________，其控制中心是______________。

2. 1967 年，德国 BOSCH（博世）公司研制成功了__________________________汽油喷射系统。

3. BOSCH 公司在 1967 年开发出了__________________系统，它是利用进气歧管的绝对压力传感器来检测进气空气量的。

4. 1972 年，在 D 型汽油喷射系统的基础上，BOSCH 公司开发了质量流量控制的______________型电控汽油喷射系统，用翼片式空气流量片式空气流量传感器直接测量进入发动机气缸空气的体积流量。

5. 电控发动机的组成包括________________________、________________________、________________________、________________________、________________________和________________________。

6. 电控燃油喷射系统按空气流量控制可分为_____________和_____________。

7. 电控燃油喷射系统混合气的形成是在_______________或_______________中进行的。

8. 桑塔纳 2000 电控发动机的传感器包括__________________、__________________、__________________、________________、________________、__________________、______________、______________等。

二、判断题（对的打“√”，错的打“×”）

1. 最早研制汽车电子燃油喷射装置的是美国苯迪克斯公司。（　　）

2. 1979 年，德国 BOSCH 公司开始生产集电子点火和电控汽油喷射于一体的 Motmnic 数字式发动机综合控制系统。（　　）

3. 1981 年，德国 BOSCH 公司在 L 型燃油喷射系统的基础上，采用新颖的翼片式空气流量传感器取代热丝式空气流量传感器，研制成功了 LH 型燃油喷射系统。（　　）

4. 1983 年，德国 BOSCH 公司又推出单点低压中央喷射系统，与化油器相比，仅用一只电磁喷油器集中喷射，能迅速输送燃油通过节气门，在节气门上方没有或极少发生燃油附着管壁的现象。（　　）

三、名词解释

1．D 型喷射系统

2．L 型喷射系统

3．LH 型喷射系统

4．空燃比

四、简答题

1．简述发动机电控系统的基本组成及各组成部分的作用。

2. 简述电控发动机系统的基本工作原理。

3. 可燃混合气浓度对汽油机工作有什么影响?

课题2 电控发动机空气供给系统

一、填空题（将正确答案填写在横线上）

1. 空气供给系统基本由________________、________________、________________、________________、________________、________________、________________等组成。

2. 测量发动机进气量的方式主要有________________和________________两种。

3. 翼片式空气流量计由__________、__________、________三部分组成。

4. 卡门涡流式空气流量计按其检测方法不同可分为______________和______________两种。

5. 热线式空气流量计由__________、__________、____________、____________、__________组成。

6. L 型 EFI 中，进气温度传感器一般安装在________________内。

7. 进气温度传感器随着进气温度的增高，其热敏电阻的阻值______________。

8. 节气门体主要由____________、____________、____________三部分组成。

二、判断题（对的打“√”，错的打“×”）

1. 空气滤清器脏污会导致发动机工作不稳定，动力下降，耗油量增加等现象发生。（　）

2. 空气流量计可应用在L型和D型电控燃油喷射系统中。（　）

3. 空气流量计与进气管绝对压力传感器相比，检测进气量的精度更高一些。（　）

4. 空气流量计是作为燃油喷射和点火控制的主控制信号。（　）

5. 进气温度传感器的信号电压随温度的升高而增大。（　）

6. 热线式空气流量计的缺点：造价高；热线表面易受空气中尘埃的玷污，使热辐射能力降低，影响精度；当空气流速分布不均匀时会产生误差；发动机回火易造成断线。（　）

三、选择题

1. 空气计量装置的作用是对进入气缸的空气质量进行直接或间接的计量，并把空气的流量信息输送到（　）。

A. ECU　　B. MAF　　C. KS　　D. 发动机

2. 在电控汽油喷射系统中，用空气流量计直接测量进气的体积流量或质量流量，称为流量型汽油喷射系统，又称（　）型电控发动机。

A. D　　B. L　　C. A　　D. B

3. （　）空气流量计能测出空气质量流量，避免了海拔高度压力引起的误差，现已成为电控汽油喷射系统中较流行的一种空气流量计。

A. 热线式　　B. 叶片式　　C. 卡门涡流式

4. 用于测量发动机进气歧管内绝对压力的传感器是（　）。

A. 节气门位置传感器　　B. 进气歧管压力传感器

C. 空气流量计

5. 在（　）式空气流量计中，还装有进气温度传感器和油泵控制触点。

A. 叶片式　　B. 卡门涡流　　C. 热线　　D. 热膜

四、简答题

1. 简述翼片式空气流量计的工作原理。

2. 简述热线式空气流量计的工作原理。

3. 简述超声波式卡门涡流式空气流量计的工作原理。

4. 简述节气门位置传感器的工作原理。

5. 简述膜盒式进气压力传感器的工作原理。

五、实训报告

1．空气滤清器的维护

实训项目	空气滤清器的维护
实训目的	
主要工量具及器材	
操作步骤	
体会	
教师评语	

2．空气流量计的检查

实训项目	空气流量计的检查
实训目的	
主要工量具及器材	
操作步骤	
体会	
教师评语	

3. 进气压力传感器的检测

实训项目	进气压力传感器的检测
实训目的	
主要工量具及器材	
操作步骤	
体会	
教师评语	

4．节气门控制组件的检测

实训项目	节气门控制组件的检测
实训目的	
主要工量具及器材	
操作步骤	
体会	
教师评语	

5．进气温度传感器的检测

实训项目	进气温度传感器的检测
实训目的	
主要工量具及器材	
操作步骤	
体会	
教师评语	

课题3　电控发动机燃油供给系统

一、填空题（将正确答案填写在横线上）

1. 按照电动燃油泵的结构不同，可以分为______________、________________、__________________三种。

2. 燃油流经燃油泵内腔，对燃油泵电动机起到____________和__________的作用。

3. 滚柱式电动燃油泵的输油压力波动较大，在出油端必须安装__________________。

4. 燃油压力调节器的作用是____。

5. 燃油供给系统由汽油箱、________、________、油路、________及燃油表等辅助装置组成。

6. 按照电动燃油泵的安装位置不同，可将其分为______电动燃油泵和______电动燃油泵两种。

7. 喷油器的结构和喷油压力一定时，喷油量的多少取决于________________。

8. 喷油器按驱动方式可分为__________________和__________________两种。

9. 涡轮泵主要由____________、____________、____________和____________组成。

10. 燃油压力调节器一般安装在__________________的末端，一些新款轿车有些安装在__________________。

二、判断题（对的打“√”，错的打“×”）

1. 喷油量控制是电控燃油喷射系统最主要的控制功能。　（　　）

2. 电动燃油泵是一种由小型交流电动机驱动的燃油泵。　（　　）

3. 在拆卸燃油系统内任何元件时，都必须首先释放燃油系统压力。　（　　）

4. 通过测试燃油系统压力，可诊断燃油系统是否有故障。　（　　）

5. 脉动阻尼器的作用是限制燃油系统的最高压力。　（　　）

6. 将燃油泵测量端子跨接到 12 V 电源上，点火开关置于 ON 位置，若听不到油泵工作声音，则应检查或更换油泵。　（　　）

三、选择题

1. 将电动汽油泵置于汽油箱内部的目的是（　　）。

   A. 便于控制　　B. 降低噪声　　C. 防止气阻

2. 当结构确定后，电磁喷油器的喷油量主要决定于（　　）。

   A. 喷油脉宽　　B. 点火提前角　　C. 工作温度

3. 某汽油喷射系统的汽油压力过高，下列（　　）正确。

   A. 电动汽油泵的电刷接触不良　　B. 回油管堵塞

   C. 汽油压力调节器密封不严　　D. 以上都正确

4. 在 MPI（多点汽油喷射系统）中，汽油被喷入（　　）。

A. 燃烧室内　　B. 节气门后部　　C. 进气歧管　　D. 进气道

5. 进行燃油压力检测时，按正确的操作步骤应该首先进行（　　）。

A. 将燃油压力表连到电控燃油喷射系统的回流管路上

B. 断开燃油蒸发罐管路

C. 在将燃油压力表连接到电喷系统上以前先将管路中的压力卸掉

D. 拆下燃油分配器上的燃油管

四、简答题

1. 简述涡轮泵的工作过程。

2. 简述油压调节器的工作原理。

3. 简述喷油器的工作原理。

4. 分析电流驱动和电压驱动喷油器的区别。

五、实训报告

1. 电动油泵单体检测及油泵的更换

实训项目	电动油泵单体检测及油泵的更换
实训目的	
主要工量具及器材	
操作步骤	
体会	
教师评语	

2. 燃油压力测试

实训项目	燃油压力测试
实训目的	
主要工量具 及器材	
操作步骤	
体会	
教师评语	

3．喷油器的检测

实训项目	喷油器的检测
实训目的	
主要工量具及器材	
操作步骤	
体会	
教师评语	

课题4　电子控制系统

一、填空题（将正确答案填写在横线上）

1. 电控系统由＿＿＿＿＿＿、＿＿＿＿＿＿、＿＿＿＿＿＿等组成。

2. 曲轴位置传感器可分为＿＿＿＿＿＿＿＿、＿＿＿＿＿＿＿＿和＿＿＿＿＿＿＿＿三种。

3. ECU 的作用是＿＿＿＿＿＿＿＿＿＿＿＿＿＿＿＿＿＿＿＿＿＿＿＿＿＿＿＿＿＿＿＿。

4. 水温传感器的作用是＿＿＿＿＿＿＿＿＿＿＿＿＿＿＿＿＿＿＿＿。

5. 爆燃传感器是作为＿＿＿＿＿＿＿＿控制的修正信号。

6. 冷却液温度传感器出现故障或信号中断，发动机电控单元将起动备用模式，将水温值设定在＿＿＿＿℃左右，同时报故障代码。

二、判断题（对的打“√”，错的打“×”）

1. 现代汽车广泛采用集中控制系统，将多种控制功能集中到一个控制单元上。（　　）

2. 曲轴位置传感器只作为喷油正时控制的主控制信号。（　　）

3. 电子控制系统中的信号输入装置是各种传感器。（　　）

4. 水温传感器的信号电压随温度的升高而增大。（　　）

5. 对于共振型爆震传感器而言，发动机爆震时，输出的电压最小。（　　）

三、选择题

1. 负温度系数的热敏电阻其阻值随温度的升高而（　　）。

A. 升高　　B. 降低

C. 不受影响　　D. 先高后低

2. 检测电控汽车电子元件时要使用数字式万用表，这是因为数字式万用表具有（　　）的优点。

A. 高阻抗　　B. 低阻抗

C. 测量精确

3. 闭环控制系统将输出信号通过反馈环节在（　　）信号之间进行比较，从而修正输出信号的控制系统称为闭环控制。

A. 输入与输入　　B. 输入与输出

C. 输出与输出

4. ECU 根据（　　）信号对点火提前角实行反馈控制。

A. 水温传感器　　B. 曲轴位置传感器

C. 爆燃传感器　　D. 车速传感器

四、简答题

1. 简述电磁感应式曲轴位置传感器的工作原理。

2. 简述霍尔式曲轴位置传感器的工作原理。

3. 简述压电式爆震传感器的组成及工作原理。

4. 氧传感器的作用是什么？简述氧化锆式氧传感器的工作原理。

五、实训报告

1. 水温传感器的检测

实训项目	水温传感器的检测
实训目的	
主要工量具及器材	
操作步骤	
体会	
教师评语	

2. 霍尔式曲轴位置传感器的检测

实训项目	霍尔式曲轴位置传感器的检测
实训目的	
主要工量具及器材	
操作步骤	
体会	
教师评语	

3．爆震传感器的检测

实训项目	爆震传感器的检测
实训目的	
主要工量具及器材	
操作步骤	
体会	
教师评语	

4. 氧传感器的检修

实训项目	氧传感器的检修
实训目的	
主要工量具及器材	
操作步骤	
体会	
教师评语	

单元五 柴油机燃料供给系

课题1 柴油机燃料供给系概述

一、填空题（将正确答案填写在横线上）

1. 柴油机混合气形成和燃烧过程与汽油机有着本质的不同，可燃混合气只能在__________形成，且在高温、高压下多点__________燃烧的。

2. 柴油机燃料供给系由__________、__________、__________和__________组成。

3. 柴油机燃烧室按结构形式可分成两大类。其中，________燃烧室的活塞顶面凹坑呈__________、__________、__________、________及________等；另一种________燃烧室包括__________和________燃烧室。

4. 低压油路主要完成__________、__________和__________等任务，输出油压为__________。

5. 从喷油泵到喷油器这一段油路为__________，其油压由__________建立，其油压为__________。

6. 孔式喷油器由______、________、______、______、______及________等零件组成，__________是喷油器的主要部件，它由______和______组成，两者合称为针阀偶件。

7. 喷油泵按其作用原理不同，可分为__________喷油泵、__________和__________喷油泵三种，目前大多数柴油机采用的是__________喷油泵。

8. 柴油机可燃混合气的形成和燃烧都是直接在__________进行的。

二、判断题（对的打“√”，错的打“×”）

1. 柴油机比汽油机的经济性好。（ ）

2. 孔式喷油器的喷孔直径一般比轴针式喷油器的喷孔大。（ ）

3. 输油泵的供油量等于喷油泵的出油量。（ ）

4. 柴油机可燃混合气的形成和燃烧过程是同时进行的。（ ）

5. 柱塞的行程是由驱动凸轮轮廓曲线的最大齿径决定的，在整个柱塞上移的行程中，喷油泵都供油。（ ）

6. 喷油泵是由柴油机曲轴前端的正时齿轮通过一组齿轮传动来驱动的。（ ）

三、选择题

1. 柴油机混合气是在（ ）内完成的。

A．进气管　　　　B．燃烧室　　　　C．化油器

2．喷油泵滚轮挺柱体高度调整螺钉升高，使该缸的供油提前角（　　）。

A．不变　　　　B．增加　　　　C．减小

3．P 型喷油泵的泵体采用（　　）结构。

A．整体式　　　　B．分体式　　　　C．全封闭箱式

4．两极式调速器的高速调速弹簧预紧力越大，则最高转速（　　）。

A．不变　　　　B．越高　　　　C．越低

5．喷油器工作间隙泄漏的极少量柴油经（　　）流回柴油箱。

A．回油管　　　　B．高压油管　　　　C．低压油管

四、简答题

1．简述柴油机燃料供给系燃油的供给路线。

2．简述 RAD 型两极式调速器的基本工作原理。

3. 喷油器的作用是什么？对它有什么要求？

4. 喷油泵的作用是什么？对它有什么要求？

5. 简述废气涡轮增压器的结构与工作原理。

五、实训报告

1．喷油器试验

<table>
<tr><td colspan="2">实训项目</td><td>喷油器试验</td></tr>
<tr><td colspan="2">实训目的</td><td></td></tr>
<tr><td colspan="2">主要设备及
工量具</td><td></td></tr>
<tr><td rowspan="3">操
作
方
法</td><td>密封性试验</td><td></td></tr>
<tr><td>喷雾质量试验</td><td></td></tr>
<tr><td>压力试验</td><td></td></tr>
<tr><td colspan="2">体会</td><td></td></tr>
<tr><td colspan="2">教师评语</td><td></td></tr>
</table>

2. 喷油器的拆装与检查

实训项目	喷油器的拆装与检查
实训目的	
主要工量具及器材	
操作步骤	
体会	
教师评语	

3．喷油泵的拆装与检查（以 A 型喷油泵为例）

实训项目	喷油泵的拆装与检查
实训目的	
主要工量具 及器材	
操 作 步 骤	
体会	
教师评语	

课题2 电控柴油机燃料供给系

一、填空题（将正确答案填写在横线上）

1. 柴油机电控系统由______________、____________和______________等三部分组成。

2. 柴油机电控燃油喷射系统先后形成了三种类型，即____________、时间控制式系统和______________系统。

3. 加速踏板位置传感器用以检测______________信号。

4. 电控喷油器的功用是准确控制向气缸__________、________和喷油规律。

5. 高压共轨系统主要由油箱、滤清器、____________、____________、____________、喷油器、ECU 和各种电子元件组成。

6. 调压阀安装在______________________，其功用是______________________________________，实现对共轨压力的____________________。

7. 燃油温度传感器通常安装在____________中，其功用是__________________，目的是对________________进行修正。

8. 发动机负荷信号和________________信号共同决定柴油机的喷油量及喷油提前角。

二、判断题（对的打“√”，错的打“×”）

1. 喷油提前角对柴油机的动力性、经济性及排放影响很大。 （ ）

2. 冷却液温度传感器只起修正喷油正时作用，不起修正喷油量作用。 （ ）

3. 进气压力传感器即起修正喷油量作用，又起修正喷油正时作用。 （ ）

4. 采用分隔式燃烧室的柴油机的喷油压力一般为 9.8～12.7 kPa。 （ ）

三、简答题

1. 简述柴油机电子控制系统的控制内容。

2. 柴油机电控系统是如何控制喷油提前角的?

3．如何检测燃油温度传感器？

四、实训报告

1．进气管绝对压力和温度传感器的检测

实训项目	进气管绝对压力和温度传感器的检测
实训目的	
主要工量具及器材	
操作步骤	
体会	
教师评语	

2. 加速踏板位置传感器的检测

实训项目	加速踏板位置传感器的检测
实训目的	
主要工量具及器材	
操作步骤	
体会	
教师评语	

3. 喷油器针阀升程传感器的检测

实训项目	喷油器针阀升程传感器的检测
实训目的	
主要工量具及器材	
操作步骤	
体会	
教师评语	

4. 凸轮轴/曲轴位置传感器的检测

实训项目	凸轮轴/曲轴位置传感器的检测
实训目的	
主要工量具及器材	
操作步骤	
体会	
教师评语	

5．电控分配泵的检测

实训项目	电控分配泵的检测
实训目的	
主要工量具 及器材	
操 作 步 骤	
体会	
教师评语	

单元六　润滑系和冷却系

课题1　润　滑　系

一、填空题（将正确答案填写在横线上）

1．润滑系统的任务就是在发动机工作时将______________、______________适宜的清洁润滑油（机油）____________、____________输送到所有相对运动的零部件的摩擦表面，并在摩擦表面之间形成____________，实现____________。从而______________摩擦阻力、______________功率消耗、____________机件磨损，以达到提高发动机工作____________和____________的目的。

2．发动机常见的润滑方式有__________润滑和__________润滑。

3．润滑系一般由_________________、_________________、_______________及旁通阀、__________、__________、__________和机油压力表、温度表等组成。

4．现代轿车发动机润滑系采用的机油泵主要为______________和______________。

5．限压阀的主要作用是__________________，并让其稳定在一定范围之内。限压阀由____________、__________和__________组成。

6．旁通阀的作用是一旦滤清器发生_________________，进油与出油道中的压力差达到____________时，该阀打开，机油不经滤清器______________进入主油道，保证对各部件的____________。

7．机油滤清器的作用是滤除机油中的____________等杂质，保持机油的__________，延长______，保证发动机________工作。

8．按滤清方式的不同，机油滤清器可分为____________和____________两种。

9．目前，广泛使用的集滤器有______________和______________两种。

10．一般来说，汽车发动机有曲轴箱通风装置，以便及时将进入曲轴箱内的__________和__________抽出，同时使__________进入曲轴箱，形成不断的__________。曲轴箱通风方式有__________通风和__________通风两种。

二、判断题（对的打“√”，错的打“×”）

1．发动机工作时，传力零件相对运动表面之间能直接接触。（　　）

2．润滑系统的任务就是在发动机工作时将各种机油连续不断地、循环输送到所有相对运动的零部件的摩擦表面，并在摩擦表面之间形成油膜，实现液体摩擦。（　　）

3．润滑系的清洗作用就是机油在润滑系内不断循环，清洗摩擦表面，带走磨屑和其他异物。（　　）

4. 发动机润滑系机油压力由机油泵建立，润滑强度受机油泵供油能力的影响。（　　）

5. 外露的表面或负荷小的摩擦表面，多采用压力润滑方式。（　　）

6. 对于一些分散的、负荷较小的摩擦副，如水泵、发电机、起动机等，需定期加注润滑脂进行润滑。（　　）

7. 转子式机油泵一般装在发动机前端，由曲轴通过一根单独的链条驱动。（　　）

8. 机油泵检修时发现主、被动齿轮与泵腔内壁间隙超过 0.3 mm，应换成新件。（　　）

9. 机油粗滤器一般串联于机油泵与主油道之间。（　　）

10. 机油散热器的作用是保证机油保持在最有利的温度（70～90℃）范围内工作。（　　）

11. 机油标尺是用来检查油底壳中机油的应加量的。（　　）

12. 进行润滑系清洗时，曲轴箱和机油粗、细滤清器的机油不一定要全部放尽。（　　）

三、选择题

1. 下列零件不属于压力润滑的是（　　）。

A. 连杆轴承　　B. 曲轴轴承　　C. 气门摇臂轴

2. 下列不属于润滑系功用的是（　　）。

A. 防锈　　B. 密封　　C. 致热

3. 内齿轮式机油泵主要是由主动齿轮、从动齿轮、限压阀以及泵盖和泵壳等组成。下列说法中正确的是（　　）。

A. 主动齿轮为一较大的外齿轮；从动齿轮为一较小的内齿圈

B. 主动齿轮为一较小的外齿轮；从动齿轮为一较大的内齿圈

C. 以上两种说法均不对

4. 机油标尺用来检查油底壳中机油的存量，它是一根扁平杆插在气缸体油平面检查孔内，标尺的一端刻有 2/4、4/4 的刻线。下列说法中最恰当的是（　　）。

A. 机油的液面应处于 2/4 与 4/4 范围内

B. 机油的液面不能低于 2/4

C. 机油的液面不能高于 4/4

5. 水冷却式机油散热器的安装位置是（　　）。

A. 串在粗滤器前　　B. 并在粗滤器前

C. 串在细滤器前

6. 机油散热器的作用是保证机油保持在下列（　　）最有利的温度范围内工作。

A. 50～70℃　　B. 70～90℃　　C. 90～100℃

7. 更换机油时应该小心，尽量减少皮肤接触用过的机油的次数和时间。下列说法中不正确的是（　　）。

A. 应该穿戴机油不能渗透的防护衣服和手套

B. 操作完毕后，应用肥皂和水（或无水洗手液）彻底清洗皮肤，以除去用过的机油

C. 可以使用汽油、稀释剂或溶剂洗手

8. 机油压力是发动机润滑系技术状况的重要指标，下列指标中正确的是（　　）。

A. 汽油机油压力应为 196 ~ 392 kPa，柴油机油压力应为 296 ~ 588 kPa

B. 汽油机油压力应为 296 ~ 588 kPa，柴油机油压力应为 196 ~ 392 kPa

C. 以上指标均不正确

四、简答题

1. 简述润滑系统的工作原理。

2. 简述内齿轮式机油泵的工作原理。

3. 简述浮式机油集滤器的检修要点。

4. 简述机油消耗过大的故障现象、原因及诊断与排除方法。

课题2　冷　却　系

一、填空题（将正确答案填写在横线上）

1. 发动机冷却系的作用是使发动机在所有工况下都保持在______范围内，防止发动机______、______。

2. 发动机过热会导致发动机充气效率______，燃烧______，功率______，机体______，磨损______，同时还会引起机油______ ______，______加剧。

3. 发动机的冷却系统根据冷却介质的不同可分为______冷却系统和______冷却系统。

4. 发动机水冷却系统主要由______、______、______、______、______、______及______等组成。

5. 散热器由______、______、______等组成。

6. 目前轿车的散热器盖的蒸气阀开启压力设计得更高，可达到______，其冷却水的沸点可达到______。

7. 节温器的功用是根据冷却水______自动调节进入散热器的水量，改变水的______范围，以调节冷却系的______能力，保证发动机在______范围内工作。

8. 水泵是冷却系统中相对核心的部件，它的作用是______，加速冷却水在水路中的______，保证______。

9. 离心式水泵主要由______、______、______、______、______、______、______等组成。

10. 应用最广泛的离合器有______、______和______离合器，小型发动机多采用______。

二、判断题（对的打“√”，错的打“×”）

1. 把发动机中高温零件的热量直接散入大气而进行冷却的装置称为风冷系统。（　　）

2. 散热器是一个热交换器。（　　）

3. 储液罐的功能是最大程度地维持冷却系统的内部压力。（　　）

4. 风扇通常安排在散热器后面，用来提高流经散热器的空气流速和风量，增强散热器的散热能力，同时对发动机其他附件也有一定的冷却作用。（　　）

5. 在现代汽车上，冷却系统普遍使用电子控制冷却风扇。（　　）

三、选择题

1. 下列不属于水冷却系优点的是：（　　）。

A. 冷却强度小　　B. 易调节

C. 便于冬季起动

2. 电子节温器相比较于蜡式节温器，下列说法中更准确的是：（　　）。

A. 电子节温器从结构上看工作更稳定

B. 电子节温器在控制上更加灵活

C. 电子节温器从结构上看工作更稳定，在控制上更加灵活

3. 关于离心式水泵下列说法中正确的是：（　　）。

A. 仅有少部分汽车发动机采用离心式水泵

B. 离心式水泵具有结构简单、尺寸小、排量大、维修方便等优点

C. 水泵的曲轴不是通过齿轮、皮带等驱动的

4. 下列不属于发动机冷却系检查项目的是：（　　）。

A. 冷却液是否足够　　B. 冷却系是否泄漏

C. 冷却液的温度高低

5. 关于冷却液的检查，下列说法中不正确的是：（　　）。

A. 加有长效冷却剂的冷却液，在工作一段时间后，应打开水箱盖进行检查，当水箱出现水污、水锈和沉淀物时，应及时更换冷却液

B. 更换时不应彻底放尽原冷却液，也不要用酸性溶液清洗

C. 水箱加满冷却液后，应起动发动机，检查有无泄漏，并再次检查冷却液量

四、简答题

1. 简述发动机水冷却系的工作原理。

2. 简述检测散热器密封性的步骤。

单元七　发动机总装与检测

课题1　发动机总成装配及竣工验收

一、填空题（将正确答案填写在横线上）

1．发动机的总装，一般来说，遵循____________、____________、__________的总装原则。

2．安装飞轮时，应先检查气缸体后端面无零部件________后，再将装有起动齿圈的飞轮安装在________，然后分______次对称紧固螺栓，螺栓的最终拧紧力矩为________，再拧紧________。

3．发动机的磨合分为________、________两步，其目的是为了细化发动机在________和________中各个零件间摩擦表面的________，以获得更为良好的配合，并达到最佳的修理性能。

4．冷磨时曲轴转速由低速到高速可分为低、中、高三个档次分段进行，发动机冷磨合的起始转速一般为__________，然后以__________的级差逐级增加转速，冷磨合终了转速一般为__________。每一档不超过______h的运转。

二、判断题（对的打“√”，错的打“×”）

1．冷磨是由电动机等外力带动发动机作一定转速的旋转，并在各种速度下运转进行磨合。（　　）

2．冷磨时，若发现不正常情况或有异响，可继续进行。（　　）

3．将完全装复完毕的发动机正常起动，以本身产生的动力进行运转试验的过程，称为热试。（　　）

4．在热试过程中，应由表及里地认真观察视听，检查发动机各部分的工作情况，以及各仪表所反映出的工作数据是否正常，但不需要进行调整。（　　）

5．发动机验收后的使用初期（约1 000 km内）应限制最大输出功率，无须减速行驶。（　　）

三、选择题

1．安装活塞环时，以下注意点中说法错误的是：（　　）。

A．安装时注意第一道压缩环为镀铬内倒角环，内倒角应朝上；第二道环为外倒角环，倒角应朝下

B．活塞环上的“TOP”标记应朝向活塞顶部方向

C. 用清水清洗干净活塞连杆组，确认各零件装配齐全

D. 向活塞环开口处、连杆与活塞连接处加入少量润滑油，在连杆轴承及活塞裙部表面抹上润滑油，将活塞环转动2～3周

2. 热试时，发动机温度应保持在下列（　　）温度范围内。

A. 50～75℃　　B. 75～90℃　　C. 90～105℃　　D. 50～105℃

3. 发动机验收应在热状态下进行，下列应符合条件中说法错误的是：（　　）。

A. 气缸压力、进气管真空度、机油压力应符合规定

B. 发动机在任何转速下应能稳定地工作，没有断火、过热及发抖现象

C. 快怠速稳定在1 500 r/min左右（节气门全开），无跳抖现象

D. 高、低速转换时出现熄火现象属于正常

4. 发动机在验收时，下列情况中不允许的是：（　　）。

A. 活塞、活塞环和活塞销有金属敲击的异响

B. 气门杆端与摇臂间有极轻微的声音

C. 排气管有极少冒气

D. 机油泵有极轻微的声响

四、简答题

1. 简述发动机装配的技术要求。

2. 简述安装正时齿带并适当调紧张紧度时的注意事项。

3. 简述发动机检验的要点。

4. 简述发动机验收时不允许出现的情况。

课题 2　发动机的检测与诊断

一、填空题（将正确答案填写在横线上）

1. 发动机电子控制系统的检测和诊断常用工具及设备有：________、________、________、________。

2. 发动机电子控制系统的诊断和检查方法是：________、________。

3. 发动机电子控制系统的基本检查主要包括________和________的检查与调整。

4. 丰田凌志 LS400 车型发动机怠速值正常范围在________（进气温度在 0℃ 以上），________（进气温度在 10℃ 以下）。

5. 丰田车系进入自诊断测试状态的方法是：用跨接线跨接________和________。

6. 发动机电控系统自诊断检查常见故障码的显示方式有：________和________。

二、判断题（对的打"√"，错的打"×"）

1. 使用诊断跨接线，跨接时必须确认电器元件的工作电压相同。（　）

2. 使用诊断跨接线，绝对禁止错误地将电源与接地跨接。（　）

3. 断开通往发动机 ECU 的电源线或熔丝就可以清除 ECU 存储的故障码。（　）

4. 诊断与检修发动机电控系统故障时，若振动可能是导致产生故障的主要原因时，就可以利用振动法进行检验。（ ）

5. 诊断与检修发动机电控系统故障时，如果故障在雨天或湿度较大的条件下产生时，可通过加热试验法诊断故障。（ ）

三、选择题

1. 下列关于发动机综合性能检测的目的描述中错误的是：（ ）。

A. 掌握被检发动机的技术状况，为维修作业提供依据

B. 发现故障，及时排除

C. 保证发动机技术状况良好，确保汽车的正常运行

D. 评价发动机技术状况

2. 发动机电子控制系统在基本检查时，必须使发动机冷却液温度达到（ ）左右的正常工作温度。

A. 60℃ B. 70℃ C. 80℃ D. 90℃

四、简答题

1. 简述万用表的测试功能。

2. 简述发动机电子控制系统基本点火正时的检查步骤。